BEI GRIN MACHT SICH IHR WISSEN BEZAHLT

Einflussfaktoren auf die Wertentwicklung von Kryptowährungen am Beispiel Ether. Eine empirische Analyse

Leon Jablonski

Bibliografische Information der Deutschen Nationalbibliothek:

Die Deutsche Nationalbibliothek verzeichnet diese Publikation in der Deutschen Nationalbibliografie; detaillierte bibliografische Daten sind im Internet über http://dnb.d-nb.de abrufbar.

ISBN: 9783346655837
Dieses Buch ist auch als E-Book erhältlich.

Druck und Bindung: Books on Demand GmbH, Norderstedt Germany
Gedruckt auf säurefreiem Papier aus verantwortungsvollen Quellen

Das vorliegende Werk wurde sorgfältig erarbeitet. Dennoch übernehmen Autoren und Verlag für die Richtigkeit von Angaben, Hinweisen, Links und Ratschlägen sowie eventuelle Druckfehler keine Haftung.

Das Buch bei GRIN: https://www.grin.com/document/1229457

FOM Hochschule für Oekonomie & Management

Hochschulzentrum Frankfurt am Main

Berufsbegleitender Studiengang zum

Master of Science Finance & Accounting

3. Semester

Projektarbeit

im Modul Empirisches Finance & Accounting

über das Thema

Einflussfaktoren auf die Wertentwicklung von Kryptowährungen am Beispiel Ether

von

Leon Jablonski

Inhaltsverzeichnis

Abbildungsverzeichnis

Tabellenverzeichnis

Formelverzeichnis

Abkürzungsverzeichnis

AIC	Akaike Information Criterion
BIC	Bayessche Information Criterion
BLUE	Best-Linear-Unbiased-Estimator (deutsch: bester linearer unvoreingenommener Schätzer)
BTC	Bitcoin
CAPM	Capital Asset Pricing Model
ETH	Ether
EUR	Euro
GBP	Great British Pound
Nasdaq	National Association of Securities Dealers Automated Quotations
Q-Q-Plot	Quantil-Quantil-Plot
R^2	Bestimmtheitsmaß
RESET	Regression-Specification-Error-Test (zu deutsch: Regressionsspezifikationsfehlertest)
USD	United States Dollar
VIF	Variance Inflations Factors

1 Einleitung

1.1 Problemstellung und Zielsetzung

Eines der aktuell prominentesten Themen der finanzwirtschaftlichen Medien sind die Blockchain-Technologie und Kryptowährungen. Der Blockchain-Technologie wird ein ähnlich disruptiver Charakter wie dem Internet seiner Zeit nachgesagt.[1] Die beiden größten Kryptowährungen Bitcoin und Ethereum haben allein eine Marktkapitalisierung in Höhe von rund einer Billionen US-Dollar.[2] Studien konnten belegen, dass die Beimischung von Kryptowährungen in einem gut diversifizierten Portfolio sich vorteilhaft auf die Performance auswirken.[3]

Doch nicht nur professionelle Anleger haben Kryptowährungen als alternative Investments für sich entdeckt, auch Privatanleger sind zunehmend in Kryptowährungen investiert.[4] Dass Investments in Kryptowährungen im Mainstream angelangt sind, zeigt nicht zuletzt die ausführliche Information zu diesem Thema von den Sparkassen.[5] Es kommt jedoch immer wieder zu erheblichen Kurseinbrüchen. Vor dem Hintergrund der enormen öffentlichen Präsenz des Themas hat sich die wissenschaftliche Fachliteratur ebenfalls intensiv mit dieser Thematik beschäftigt. Der Fokus dieser wissenschaftlichen Beiträge ist jedoch zu einem großen Teil der Bitcoin. Die Nummer 2 des Kryptomarktes Ethereum, ist nicht weniger interessant und verspricht künftig weitaus mehr innovative ökonomische Anwendungsmöglichkeiten als der Bitcoin. Zur Umsetzung der Anwendungsmöglichkeiten wird der Coin von Ethereum, der Ether, ein fester Bestandteil sein.[6]

Vor dem Hintergrund, dass Kryptowährungen als Assetklasse im Mainstream angelangt sind, beschäftigt sich die vorliegende Projektarbeit mit den Determinanten der Wertentwicklung von Kryptowährungen. Im Speziellen bezieht sich die Arbeit nicht auf den bereits umfangreich in der Literatur untersuchten Bitcoin, sondern untersucht

---

[1] Vgl. *https://www.computerwoche.de/a/blockchain-ist-das-neue-internet,3545367*, Zugriff am 30.01.2022.
[2] Vgl. *https://coinmarketcap.com/*, Zugriff am 20.02.2022.
[3] Vgl. *Sun, W. et al.*, 2021, S. 20.
[4] Vgl. *Issing, O., Masuch, K.*, Standpunkt, 2021.
[5] Vgl. *https://www.sparkasse.de/themen/geldanlage/bitcoin.html*, Zugriff am 20.02.2022.
[6] Vgl. *Swanson, T.*, Great Chain of Numbers, 2014, S. 35f.

Determinanten der Wertentwicklung des Ethers. Die Projektarbeit hat die Identifikation von Determinanten mit signifikantem Einfluss auf die Kursentwicklung des Ethers zum Ziel. Ferner kann das Ergebnis der Arbeit neue Erkenntnisse der Diversifikationsmöglichkeiten von Kryptowährungen im Portfolio erzielen.

1.2 Aufbau der Arbeit

Nachdem die Praxisrelevanz der Thematik sowie die Problemstellung und zentrale Fragestellung der Arbeit im ersten Kapitel dargelegt wurden, folgt das zweite Kapital.

Zunächst legt das zweite Kapitel den theoretischen Grundstein der Thematik und ordnet das Thema sowie die Notwendigkeit der Projektarbeit ein. Hierauf folgt ein kurzer Überblick über die bestehende Fachliteratur zu diesem Themengebiet. Aus der Literatur werden anschließend die leitenden Forschungshypothesen der Projektarbeit abgeleitet.

Der Fokus der vorliegenden Arbeit liegt auf der empirischen Untersuchung und somit auf dem dritten Kapitel. Es öffnet mit einer kurzen Vorstellung der empirischen Methodik. Anschließend wird der untersuchte Datensatz vorgestellt und die Ergebnisse der deskriptiven Datenanalyse erläutert. Hieran schließt die Modellselektion zur Identifikation des für die Arbeit geeigneten Modells an. Dieses wird im Anschluss einer Regressionsdiagnostik unterzogen.

Das vierte Kapitel beschäftigt sich mit der Diskussion, Einordnung und kritischen Würdigung der Ergebnisse. Das abschließende und letzte fünfte Kapitel gibt ein kurzes zusammenfassendes Resümee und schließt die Arbeit letztendlich mit einem Ausblick für künftige Forschungen.

2 Heranführung an die Untersuchung

2.1 Theoretische Grundlagen

In der Kapitalmarkttheorie ist die Identifikation von Einflussfaktoren auf die Wertentwicklung von Wertpapieren ein zentrales Element. Mithilfe verschiedener Modelle wird versucht, die Rendite von Wertpapieren vorherzusagen. Eines der ersten Modelle war das Capital Asset Pricing Model (CAPM).[7] Das CAPM unterstellt der Rendite eine lineare Abhängigkeit zu einer Risikogröße, ausgedrückt durch den Betafaktor. Demnach hängt die Überrendite eines Wertpapiers gegenüber einer sicheren Anlage vom Betafaktor ab. Die sichere Anlage enthält im Modell die Prämie für das unsystematische Risiko. Der Betafaktor drückt das mit dem Erwerb des Wertpapiers in Kauf genommene zusätzliche systematische Risiko aus.[8] Aufgrund der Annahme, dass sich die Überrendite durch einen Faktor erklären lässt, ist das CAPM ein sogenanntes Einfaktorenmodell. Einer der wesentlichen Kritikpunkte des CAPM sind die rigiden Annahmen.[9] Weiterentwicklungen des CAPM berücksichtigen zur Erklärung und Vorhersage der Überrendite von Wertpapieren häufig zusätzliche Faktoren. Eines der prominentesten Mehrfaktorenmodelle ist das Dreifaktorenmodell von Fama und French. Neben der Sensitivität auf die Gesamtmarktentwicklung berücksichtigt das Modell die Unternehmensgröße und das Markt- /Buchwertverhältnis des entsprechenden Unternehmens bzw. dessen Wertpapiers.[10] Das Modell impliziert, dass kleinere Unternehmen mit einem hohen Markt- /Buchwertverhältnis anfälliger für finanzielle Notlagen sind und daher mit einer zusätzlichen Risikoprämie versehen werden.[11] Da im Rahmen dieser Arbeit die Renditeentwicklung von Kryptowährungen, im speziellen von Ether, im Vordergrund stehen, erscheinen die klassischen Modelle zur Renditeerklärung der Kapitalmarkttheorie als weniger geeignet. Da es sich bei Kryptowährungen um Token innerhalb einer Blockchain handelt, sind sie keine Assets im Sinne von Aktien.[12] Auch

---

[7] Vgl. *Sharpe, W. F.*, Capital Asset Prices, 1964, S. 15ff; Vgl. *Lintner, J.*, 1965, S. 770ff; Vgl. *Mossin, J.*, 1966, S. 770ff.

[8] Vgl. *Ziemer, F.*, Der Betafaktor, 2018, S. 140.

[9] Vgl. *Perridon, L. et al.*, Finanzwirtschaft d. Unternehmung 2016, S. 269.

[10] Vgl. *Fama, E. F., French, K. R.*, 1993, S. 52f.

[11] Vgl. *Vorfeld, M.*, Asset Pricing, 2009, S. 65.

[12] Vgl. *Fill, H.-G., Meier, A.*, Blockchain kompakt, 2020, S. 37.

die dahinterstehenden Blockchains sind zumeist Open Source-Projekte und können somit schwer als Unternehmen im eigentlichen Sinne interpretiert werden.[13]

2.2 Stand der bisherigen Forschung

Es wurde festgestellt, dass klassische Faktormodelle der Kapitalmarkttheorie und deren Faktoren zur Bewertung von Kryptowährungen eher ungeeignet erscheinen. Daher soll im Folgenden ein kurzer Überblick über die Forschung zu den Determinanten der Performanceentwicklung von Kryptowährungen dargestellt werden. Nach Famas Random-Walk-Theory können innerhalb von effizienten Märkten keine Vorhersagen über die Wertentwicklung von Vermögenswerten getroffen werden.[14] In diesem Zusammenhang ist es Urquhart 2016 gelungen, mithilfe einer Zeitreihenanalyse die Marktineffizienz von Bitcoin empirisch nachzuweisen und somit zu belegen, dass die Renditen von Bitcoin im Betrachtungszeitraum nicht dem Random-Walk folgen.[15]

Die Studien einiger Forscher legen dar, dass das Vertrauen in eine Kryptowährung ein maßgeblicher Einflussfaktor auf deren Wertentwicklung ist.[16] Weiterhin wurde in der Literatur oftmals die Popularität einer Kryptowährung als Determinante der Wertentwicklung erkannt. Studien stellten mithilfe von Zeitreihenverfahren und linearen Regressionstests heraus, dass die Google Suchanfragen nach einer Kryptowährung und der entsprechenden Blockchain einen signifikant positiven Einfluss auf deren Wertentwicklung haben.[17] Ein weiterer in der Literatur immer wieder erkannter Einflussfaktor ist die Konkurrenz beziehungsweise der Wettbewerb zu anderen Kryptowährungen.[18] Darüber hinaus wird Kryptowährungen häufig unterstellt, dass sie insbesondere in einem Umfeld von erhöhter Inflation als Wertspeicher dienen.[19] Vor diesem Hintergrund ist es weniger verwunderlich, dass unter Nutzung von GARCH- Modellen festgestellt wurde, dass ebenso Gold als bekanntester Wertspeicher einen empirisch belegbaren Einfluss auf die Wertentwicklung von Kryptowährungen hat.

[13] Vgl. *Meinel, C., Gayvoronskaya, T.*, Blockchain, 2020, S. 56.
[14] Vgl. *Fama, E. F.*, 1965, Random Walks in Stock Markets Prices S. 58f.
[15] Vgl. *Urquhart, A.*, 2016, The inefficiency of Bitcoin, S. 81.
[16] Vgl. *Folkinshteyn, D., Lennon, M.*, Braving Bitcoin, 2016, S. 241.
[17] Vgl. *Matta, M. et al.*, 2015, S. 8; Vgl. *Abraham, J. et al.*, 2018, S. 20f; Vgl. *Rathan, K. et al.*, 2019, S. 191.
[18] Vgl. *White, L. H.*, 2014, S. 395; Vgl. *Gandal, N.*, 2014, S. 23; Vgl. *Fry, J., Cheah, E.-T.*, 2016, S. 348.
[19] Vgl. *Richter, R., Rosenbach, P.*, 2021, S. 7.

Die gleiche Studie belegte darüber hinaus, dass auch der US-Dollar als Einflussfaktor verstanden werden kann.[20]

Ein weiterer, häufig in der Literatur untersuchter Ansatz ist der Zusammenhang zwischen der Wertentwicklung von Kryptowährungen und der Wertentwicklung von internationalen Aktienindizes. Sovbetov konnte im Rahmen einer umfangreichen Regressionsanalyse unter anderem einen Einfluss des S&P 500 auf die Wertentwicklung von Bitcoin, Ether und Litecoin nachweisen.[21]

[20] Vgl. *Dyhrberg, A. H.*, Bitcoin, gold and the dollar, 2016, S. 90.
[21] Vgl. *Sovbetov, Y.*, Factors Influencing Cryptocurrency Prices, 2018, S. 24.

2.3   Forschungshypothesen

Nach der Beschäftigung mit den theoretischen Grundlagen ergibt sich die Notwendigkeit, mögliche Einflussfaktoren auf die Wertentwicklung des Ethers zu identifizieren. Da in der Literatur festgestellt werden konnte, dass die Google Suchanfragen einen signifikant positiven Einfluss auf die Wertentwicklung des Bitcoins haben, ist es im Konnex dieser Arbeit ein logischer Schritt, diesen Zusammenhang auch für die Wertentwicklung des Ethers zu überprüfen. Eine geeignete, mit Ether konkurrierende Kryptowährung ist der Bitcoin. Mit diesen beiden Kryptowährungen ist ein großer Teil der Marktkapitalisierung des Marktes für Kryptowährungen abgedeckt.[22] Nach dem Studium der vorhandenen Literatur hat sich weiterhin die Frage gestellt, ob auch die Wertentwicklung des Ethers ähnlich empirisch nachweisbar mit der Wertentwicklung von Gold zusammenhängt. Vor dem Hintergrund, dass die Wertentwicklung des S&P 500 empirisch mit der Wertentwicklung des Ethers zusammenhängt, kommt inhaltlich die Überlegung auf, ob der Nasdaq als auf Tech-Werte spezialisierter Index ebenfalls mit dem Ether zusammenhängt. Als Währungskomponente wird der EUR/USD-Wechselkurs mit in die Untersuchung aufgenommen.

Somit ergeben sich folgende Forschungshypothesen:

H_1:   Im Betrachtungszeitraum beeinflusst die Wertentwicklung von Bitcoin die Wertentwicklung von Ether. $H_1: \text{ß}_k BTC \neq 0$

H_2:   Im Betrachtungszeitraum beeinflusst die Entwicklung der Google-Suchanfragen nach dem Begriff *Ethereum* die Wertentwicklung von Ether positiv. $H_2: \text{ß}_k Google\ Trends > 0$

H_3:   Im Betrachtungszeitraum beeinflusst die Wertentwicklung des Nasdaqs die Wertentwicklung von Ether. $H_3: \text{ß}_k Nasdaq \neq 0$

H_4:   Im Betrachtungszeitraum beeinflusst die Wertentwicklung von Gold die Wertentwicklung von Ether. $H_4: \text{ß}_k Gold \neq 0$

H_5:   Im Betrachtungszeitraum beeinflusst die Wertentwicklung des EUR/USD-Wechselkurses die Wertentwicklung von Ether. $H_5: \text{ß}_k EUR/USD \neq 0$

---

[22] Vgl. *https://coinmarketcap.com/*, Zugriff am 20.02.2022.

3 Empirische Untersuchung

3.1 Methodik

Nachdem im vorangegangenen Teil der Arbeit die Forschungshypothesen aus der Literatur abgeleitet wurden, erfolgt im folgenden Kapitel die empirische Überprüfung der Forschungshypothesen. Zur Datenanalyse wurde R in der Version 4.1.1 genutzt. Um alle notwendigen Datenverarbeitungsschritte ausführen zu können wurden die Pakete mosaic, quantmod, dplyr, VIM, moments, lmtest, Boruta, car und sandwich verwendet.[23] Zum Erstellen der Grafiken kamen die Pakete ggformula, gridExtra, und ggfortify zum Einsatz.[24] Zur Überprüfung der Forschungshypothesen wurde ein multiples lineares Regressionsmodell aufgestellt. Im Rahmen der Regressionsdiagnostik wurde das Modell mithilfe diverser Tests auf seine Modellgüte und die Einhaltung der BLUE-Kriterien überprüft.[25] Abschließend wurden die Aussagen des Modells interpretiert. Für die weiteren Untersuchungen wird das Signifikanzniveau Alpha auf 5 % festgelegt.

3.2 Datenerhebung und Datenaufbereitung

Der Untersuchungszeitraum reicht vom 01.01.2016 bis zum 31.12.2020 und umfasst somit rund fünf Jahre. Die Kursdaten der abhängigen Variable Ether sowie die Kursdaten zu den unabhängigen Variablen Bitcoin, Nasdaq Composite Index (folgend nur Nasdaq) und des Euro-Dollar-Wechselkurses wurden von dem Finanzmarktdatenanbieter Refinitiv bezogen. Die Kursdaten von Gold stammen aus dem Finanzportal onvista.de. Bei allen Finanzmarktdaten wurden die entsprechenden Tagesschlusskurse in US-Dollar verwendet. Die Daten zu den Google-Suchanfragen nach dem Begriff *Ethereum* wurden dem Onlinedienst Google-Trends-Analyse entnommen.

Die Daten der Google-Suchanfragen liegen für den betrachteten Zeitraum als kumulierte Sonntagswerte relativ zu ihrem Höchstpunkt 100 vor. Daher wurden für die übrigen Daten ebenfalls die kumulierten Wochenrenditen berechnet. Aus der Datenaufbereitung

[23] Vgl. *Komsta, L., Novomestky, F.*, moments, 2015; Vgl. *Ryan, J. A. et al.*, quantmod, 2020; Vgl. *Pruim, R. et al.*, mosaic, 2021; Vgl. *Zeileis, A. et al.*, sandwich, 2021; Vgl. *Templ, M. et al.*, VIM, 2021; Vgl. *Fox, J. et al.*, car, 2021; Vgl. *Hothorn, T. et al.*, lmtest, 2021; Vgl. *Wickham, H. et al.*, dplyr, 2022; Vgl. *Kursa, M. B., Rudnicki, W. R.*, Boruta, 2020.
[24] Vgl. *Auguie, B., Antonov, A.*, gridExtra, 2017; Vgl. *Kaplan, D., Pruim, R.*, ggformula, 2021; Vgl. *Horikoshi, M. et al.*, ggfortify, 2022.
[25] Vgl. *Urban, D., Mayerl, J.*, Regression, 2018, S. 379.

resultiert ein Datensatz mit 261 Wochenrenditen für die jeweiligen zu untersuchenden Variablen.

Im Zusammenhang dieser Arbeit ist es von Vorteil, mithilfe des natürlichen Logarithmus die stetigen Renditen zu berechnen. Hintergrund ist die Eigenschaft der Zeitadditivität, welche nur die stetigen Renditen aufweisen. Demnach ergibt die Summe der stetigen Renditen von Teilzeiträumen die stetige Rendite des Gesamtzeitraumes. Bei der diskreten Rendite ist dies nicht der Fall.[26]

$$r_{diskret,t} = \frac{P_t - P_{t-1}}{P_{t-1}} \tag{1}$$

$$r_{stetig,t} = \ln\left(\frac{P_t}{P_{t-1}}\right)$$

Quelle: In Anlehnung an Gehrke, M. Angewandte empirische Methoden in Finance & Accounting, 2019, S.250

---

[26] Vgl. *Ernst, D., Schurer, M.*, Portfoliomanagement, 2014, S. 17ff; *Schwenkert, R., Stry, Y.*, 2016.

3.3 Deskriptive Analyse

Als Erstes wird die abhängige Variable Ether näher betrachtet. Die maximale negative Entwicklung im Betrachtungszeitraum innerhalb einer Woche beträgt minus 61,99 % und ist damit geringer als die maximale positive Wochenrendite von plus 84,87 %. Im Mittel steigt der Ether im Betrachtungszeitraum um 2,56 % pro Woche und verzeichnet somit die höchste durchschnittliche stetige Wochenrendite der betrachteten Variablen. In der folgenden Tabelle werden die wesentlichen deskriptiven Kennzahlen aller Variablen dargestellt:

Tabelle 1: Entwicklung und Verteilung der Variablen auf Wochenbasis

	ETH	BTC	Google Trends	NASDAQ	EUR/USD	Gold
Min.	-61,99 %	-51,94 %	-179,18 %	-13,51 %	-3,77 %	-8,97 %
1. Quartil	-7,11 %	-2,82 %	-14,66 %	-0,79 %	-0,63 %	-0,82 %
Median	1,02 %	1,51 %	0,00 %	0,57 %	0,06 %	0,15 %
3. Quartil	9,80 %	7,21 %	13,35 %	1,80 %	0,66 %	1,27 %
Max.	84,87 %	36,79 %	112,06 %	10,06 %	4,09 %	8,16 %
Mittelwert	2,56 %	1,61 %	1,54 %	0,37 %	0,05 %	0,22 %
Standardabweichung	16 %	10,51 %	29,53 %	2,68 %	1,03 %	1,94 %
Schiefe	0,95	-0,38	-0,10	-0,88	0,05	-0,17
Kurtosis	7,51	5,70	9,27	7,84	4,09	5,78

Quelle: Eigene Darstellung in Anlehnung an R-Studio.

Die Schiefe und die Kurtosis geben Auskunft über die Verteilung der Daten der Variablen.[27] Die abhängige Variable Ether ist mit einer Schiefe von 0,95 die am stärksten rechtsschief verteilte Variable. Die Daten des Nasdaqs im Betrachtungszeitraum sind am stärksten linksschief verteilt. Alle Variablen haben positive Kurtosis-Werte. Demnach haben alle Variablen stärker ausgeprägte Randbereiche als die einer Normalverteilung.[28] Da die betrachteten Variablen Renditen darstellen, spiegelt dies die sogenannten, für Renditen typischen, „Fat-Tails" wider.[29]

---

[27] Vgl. *Fahrmeir, L. et al.*, Statistik, 2007, S. 74; Vgl. *Sibbertsen, Philipp, Lehne, H.*, Statistik, 2012, S. 56.
[28] Vgl. *Fahrmeir, L. et al.*, Regression, 2009, S. 76.
[29] Vgl. *Jelito, D., Pitera, M.*, New fat-tail normality test, 2021, S. 2086.

Weiterhin fällt bei der abhängigen Variablen eine enorm hohe Volatilität auf (siehe Abbildung 1). Diese ist zu erwarten, da Kryptowährungen generell eine hohe Volatilität nachgesagt wird.[30]

Abbildung 1:Stetige Wochenrendite von Ether in US-Dollar

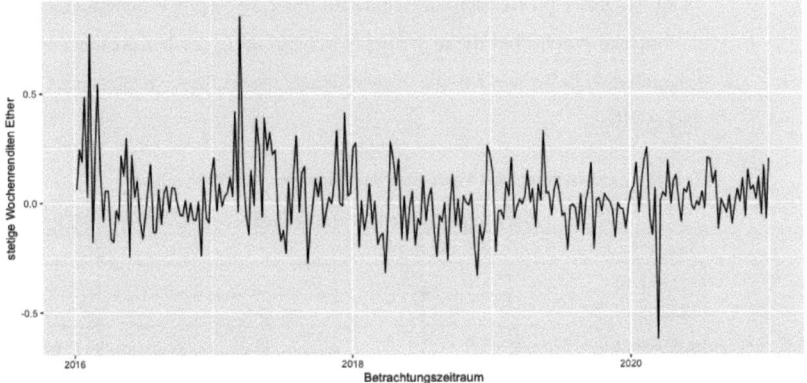

Quelle: Eigene Darstellung aus R-Studio.

Die Entwicklung der unabhängigen Variablen ist in Tabelle 1 zu sehen. Die Entwicklungen fallen je Variable unterschiedlich aus. Dies lässt die Vermutung zu, dass die unabhängigen Variablen untereinander eine geringe Korrelation aufweisen.

---

[30] Vgl. *Sun, W. et al.*, 2021, S. 2.

3.4   Modellbildung

3.4.1   Multiple lineare Regression

Das zentrale Element dieser empirischen Untersuchung ist das multiple lineare Regressionsmodell. Es untersucht nach der Methode der kleinsten Quadrate, ob ein linearer Zusammenhang zwischen der abhängigen Variable und den unabhängigen Variablen vorliegt.[31] Zum besseren Verständnis wird im Folgenden die allgemeine Formel einer multiplen linearen Regression dargestellt:

$$y_i = ß_0 + ß_1 x_{i1} + ß_2 x_{i2} + \cdots + ß_k x_{ik} + \varepsilon_i \qquad i = 1,2, \dots, n \qquad (2)$$

mit: y_i = Messwert für die abhängige Variable Y

$ß_0$ = Konstante, Schnittpunkt mit der Y-Achse

I = Index der Beobachtungen (k=1, 2, …, n)

k = Index der unabhängigen Variable X_k (k=1, 2, …, K)

x_{ik} = Messwert der unabhängigen Variablen X_k

$ß_k$ = Regressionskoeffizient

n = Stichprobenumfang

ε_i = Fehlerterm

Quelle: In Anlehnung an Schuster, T., Liesen, A., Statistik, 2015, S.219; Fahrmeir, L. et.al., Regressionsmodelle, 2009, S.219

Nachdem die allgemeine Formel eines multiplen linearen Regressionsmodells erläutert wurde, kann in einem nächsten Schritt auf die Modellselektion eingegangen werden.

---

[31] Vgl. *Schuster, T., Liesen, A.*, Statistik, 2017, S. 204f.

3.4.2   Variablenauswahl / Modellselektion

Zur Modellselektion wird zunächst die allgemeine Formel mit allen unabhängigen Variablen modelliert.

$$LM1: Ether = \beta_0 + \beta_1 BTC + \beta_2 Google\ Trends + \beta_3 NASDAQ + \beta_4 EUR/USD +$$
$$\beta_5 Gold \hspace{8cm} (3)$$

Quelle: In Anlehnung an Schuster, T., Liesen, A., Statistik, 2015, S.219; Fahrmeir, L. et.al., Regressionsmodelle, 2009, S.219

Anschließend wird mithilfe der step-Funktion eine Modellselektion vorgenommen. Neben den klassischen Vorwärts-, Rückwärts- und schrittweise-Selektionen wird die schrittweise Selektion zusätzlich noch auf Grundlage des AIC und des BIC durchgeführt. Als Ergebnis ergeben sich in Tabelle 2 die Koeffizienten der jeweiligen Ergebnismodelle.

Tabelle 2: Modellselektion mit step()

Koeffizienten Verfahren	BTC	Google Trends	NASDAQ	Gold
Step_FW	0,46285	0,19404		1,52025
Step_BW	0,46285	0,19404		1,52025
Step_SW	0,46285	0,19404		1,52025
Step_SW	0,44839	0,19204	0,56863	1,43571
Step_SW	0,44839	0,19204	0,56863	1,43571

Quelle: Eigene Darstellung in Anlehnung an R-Studio.

Zunächst fällt auf, dass keines der entsprechenden step-Varianten den Regressor EUR/USD-Wechselkurs mit in das Modell aufnimmt. Weiterhin ist zu erkennen, dass nur die schrittweisen Selektionen auf Basis des AIC und des BIC den Regressor Nasdaq in das Modell aufnehmen. Zum weiteren Erkenntnisgewinn bietet sich an, die Bedeutsamkeit der Variablen zu bestimmen. Hierzu wird das Boruta-Paket in R verwendet. Es trifft die Aussage über die Importanz der Variablen auf Grundlage von Random Forests, ist also den Baumverfahren zuzuordnen.[32] Grundsätzlich führt die Methode eine Top-Down-Suche nach relevanten Merkmalen der Regressoren durch. Es wird die Wichtigkeit der ursprünglichen Attribute mit der zufällig erreichten Wichtigkeit

---

[32] Vgl. *Sauer, S.*, Moderne Datenanalyse mit R, 2019, S. 394f.

verglichen. Das Ergebnis der Methode ist ein Plot in welchem die Variablen in ihrer Wichtigkeit absteigend angeordnet zu sehen sind.[33]

Abbildung 2: Boruta Plot

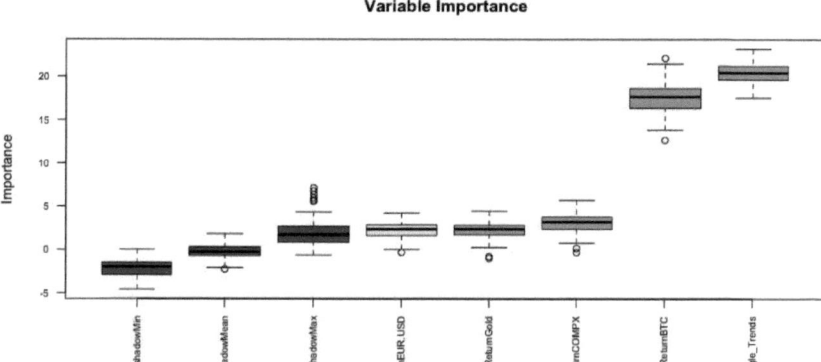

Quelle: Eigene Darstellung aus R-Studio.

Auch die Boruta-Methode schätzt die Variable EUR/USD-Wechselkurs als am wenigsten relevant für die Vorhersage der Ether-Rendite an. Die Variable Nasdaq wird in dieser Methode jedoch als relevanter als die Variable Gold eingestuft. Der Regressor Google- Suchanfragen ist nach dieser Analyse am wichtigsten.

Um ein Modell für die weitere Regressionsdiagnostik zu finden, werden neben dem bereits aufgestellten Regressionsmodell noch zwei weitere Regressionsmodelle aufgestellt. Um die Ergebnisse der herkömmlichen step-Verfahren, ohne Berücksichtigung des AIC oder BIC nicht außer Acht zu lassen, wird ein zweites Modell ohne die Variablen EUR/USD-Wechselkurs und NASDAQ aufgestellt.

$$LM2: Ether = ß_0 + ß_1 BTC + ß_2 Google\ Trends + ß_3 Gold \qquad (4)$$

Quelle: In Anlehnung an Schuster, T., Liesen, A., Statistik, 2015, S.219; Fahrmeir, L. et.al., Regressionsmodelle, 2009, S.219

---

[33] Vgl. *Kursa, M. B., Rudnicki, W. R.*, Boruta, 2020, S. 3.

Als dritte Modellvariante wird nur die Variable EUR/USD-Wechselkurs aus dem Ausgangsmodell entfernt. Dies entspricht sowohl den Ergebnissen der step-Verfahren auf Basis des AIC und BIC als auch den Ergebnissen der Boruta-Analyse.

$$LM3: Ether = \text{ß}_0 + \text{ß}_1 BTC + \text{ß}_2 Google\ Trends + \text{ß}_3 NASDAQ + \text{ß}_4 Gold \qquad (5)$$

Quelle: In Anlehnung an Schuster, T., Liesen, A., Statistik, 2015, S.219; Fahrmeir, L. et.al., Regressionsmodelle, 2009, S.219

Nachdem drei Modellvarianten gebildet wurden, muss nun eine Entscheidung für ein Modell zur weiteren Betrachtung herbeigeführt werden. Hierfür werden alle drei Modelle hinsichtlich ihres Bestimmtheitsmaß R^2, des AIC und des BIC bewertet. Die Güte des linearen Modells ist ein wichtiger Anhaltspunkt über die Aussagekraft des Modells. Das Bestimmtheitsmaß R^2 gibt den Anteil der durch das Modell bzw. durch die Regressionsgerade erklärten Streuung der abhängigen Variablen wieder. Das perfekte Modell hat demnach ein R^2 von 1 und ein Modell ohne jeglichen Erklärungsgehalt hat ein R^2 von 0.[34] Das AIC ist ein übliches Gütekriterium für Regressionsmodelle und findet seinen Einsatz bei dem Vergleich von Regressionsmodellen.[35] Das BIC ist ähnlich dem AIC, bestraft jedoch den Verlust von Freiheitsgraden stärker.[36]

Tabelle 3: Modellgütekriterien der Modellvarianten

	R^2	AIC	BIC
LM1	0,3191	-297,8825	-272,9309
LM2	0,3074	-297,4062	-279,5836
cm3	0,3160	-298,6761	-277,289

Quelle: Eigene Darstellung in Anlehnung an R-Studio.

Das höchste R^2 liegt bei dem ersten Regressionsmodell vor, das kleinste AIC beim dritten Regressionsmodell und das niedrigste BIC beim zweiten Regressionsmodell. Das R^2 des dritten Regressionsmodells ist jedoch nur marginal kleiner als das des ersten Regressionsmodells. Auch das BIC des dritten Regressionsmodells ist nur knapp größer als das des zweiten Regressionsmodelles. Weiterhin sollen möglichst viele der vorher ausgewählten Variablen im zu untersuchenden Modell verbleiben. Darüber hinaus wählten die step-Verfahren auf Basis des AIC und BIC ebenfalls das dritte

---

[34] Vgl. *Greene, W. H.*, Econometric analysis, 2012, S. S.81.
[35] Vgl. *Hackl, P.*, 2013, S. S.83.
[36] Vgl. *Greene, W. H.*, Econometric analysis, 2012, S. 179f.

Regressionsmodell aus. Vor diesem Hintergrund wird sich für die weitere Untersuchung auf das dritte Regressionsmodell konzentriert und die weitere Überprüfung der Forschungshypothese H_5 verworfen.

3.5   Regressionsdiagnostik

3.5.1   Fehlspezifikation

Eine erste Anwendungsvoraussetzung für ein lineares Modell zur Erfüllung der BLUE- Kriterien ist, dass keine Fehlspezifikation vorliegt. Eine Fehlspezifikation liegt nicht vor, wenn zwischen der abhängigen und den unabhängigen Variablen ein linearer Zusammenhang besteht.[37] Um diese Voraussetzung für das untersuchte Modell zu prüfen, wird der RESET-Test nach Ramsey durchgeführt.[38]

Der p-Wert des Reset-Tests für das beleuchtete Modell liegt bei 0,5702, somit kann die Nullhypothese des Tests, dass keine Fehlspezifikation vorliegt, nicht abgelehnt werden. Daraus folgt, dass das untersuchte Regressionsmodell einen linearen Wirkungszusammenhang zwischen den Parametern aufweist.[39]

---

[37] Vgl. *Auer, L. von, Hoffmann, S.*, Ökonometrie, 2017, S. 178ff.
[38] Vgl. *Sapra, S.*, 2018, S. 53.
[39] Vgl. *Brooks, C.*, 2003, S. 178.

3.5.2 Homoskedastizität der Residuen

Als Nächstes wird geprüft, ob die Varianz der Residuen konstant und endlich ist. Sofern diese Annahme erfüllt ist, liegt Homoskedastizität vor, andernfalls liegt Heteroskedastizität vor.[40] Zur Überprüfung der Homoskedastizität für das untersuchte Modell wird zum einen der White-Test als geeignet erachtet. Der Goldfeld-Quandt-Test wird ebenfalls durchgeführt, auch wenn der Nachteil besteht, dass ein signifikantes Testergebnis nicht das Vorliegen von Homoskedastizität ausschließt.[41] Da die Residuen des untersuchten Modells nicht normalverteilt sind (siehe 3.5.6) ist der Breusch- Pagan- Test nicht optimal.[42]

Abbildung 3: Streudiagramm Residuen gegen angepasste Werte

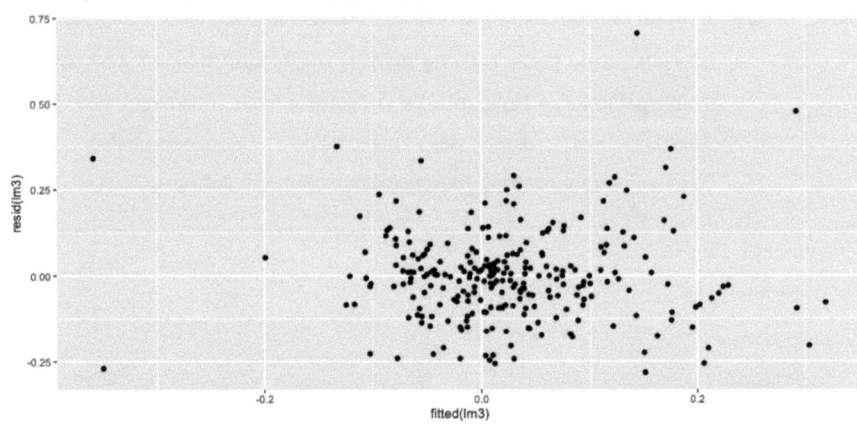

Quelle: Eigene Darstellung aus R-Studio.

Der White-Test liefert einen p-Wert von $2{,}2 \cdot 10^{-16}$, somit muss die Nullhypothese, dass die Residuen homoskedastisch und unabhängig von den Regressoren sind, im Rahmen dieses Tests abgelehnt werden.[43] Das Ergebnis des Goldfeld-Quant-Tests liefert wiederum einen p-Wert von 1. Daher kann im Rahmen dieses Tests die Nullhypothese, nach welcher die Residuen homoskedastisch sind, nicht verworfen werden. Das Streudiagramm der Residuen gegen die angepassten Werte in Abbildung 3 weist nach

---

[40] Vgl. *Sibbertsen, Philipp, Lehne, H.*, Statistik, 2012, S. 426.
[41] Vgl. *Hackl, P.*, 2013, S. 193.
[42] Vgl. *Gehrke, M.*, Angewandte empirische Methoden in Finance & Accounting, 2019, S. 62.
[43] Vgl. *White, H.*, 1980, S. 823.

Erachten des Autors keine trichterförmigen Muster auf und deutet somit ebenfalls nicht auf Heteroskedastizität hin. Auch eine Korrektur der Standartfehler änderte nicht die p- Werte des t-Tests für die Koeffizienten dahingehend, dass sich die Interpretation der Koeffizienten verändert. Daher wird von homoskedastischen Residuen ausgegangen.

3.5.3 Unabhängigkeit der Residuen – Autokorrelation

Im Folgenden wird überprüft, ob zwei aufeinanderfolgende Residuen miteinander korrelieren. Dieser Sachverhalt wird als Autokorrelation bezeichnet.[44] Ein in der Ökonometrie gängiger Test ist der Durbin-Watson-Test. Bei diesem Test wird ein Vorliegen von Autokorrelation erster Ordnung geprüft. Ein Test, der auch die Autokorrelation höherer Ordnungen abdeckt, ist der Breusch-Godfrey-Test.[45]

Der p-Wert des Breusch-Godfrey-Tests für das untersuchte Modell von 0,4918 lässt ein Ablehnen der Nullhypothese nicht zu. Die Nullhypothese des Tests ist, dass keine Autokorrelation vorliegt. Demnach kann aus diesem Testergebnis abgeleitet werden, dass keine Autokorrelation vorliegt und die Residuen unabhängig sind.[46]

3.5.4 Multikollinearität

Wenn unabhängige Variablen miteinander stark korrelieren, ist eine genaue Schätzung der Regressionskoeffizienten nicht erreichbar. Das Vorliegen eines solchen Sachverhaltes bezeichnet die Fachliteratur als Multikollinearität.[47] Zur Überprüfung dieses Sachverhaltes wurde eine Korrelationsmatrix erstellt. Darüber hinaus wurden die Variance Inflations Factors für die unabhängigen Variablen berechnet.

Tabelle 4: Korrelationsmatrix der Variablen inkl. VIF-Werte für Regressoren

	ETH	BTC	Google Trends	NASDAQ	Gold
ETH	1,00000	0,38352	0,40298	0,17437	0,26863
BTC	0,38352	1,00000	0,12362	0,12746	0,21223
Google Trends	0,40298	0,12362	1,00000	0,05779	0,06194
NASDAQ	0,17437	0,12746	0,05779	1,00000	0,13144
Gold	0,26863	0,21223	0,06194	0,13144	1,00000
VIF		1,07103	1,01845	1,03001	1,06057

---

[44] Vgl. *Greene, W. H.*, Econometric analysis,2012, S. 62.
[45] *Hackl, P.*, 2013; Vgl. *Dreger, C. et al.*, Ökonometrie, 2014, S. 224.
[46] Vgl. *Hackl, P.*, 2013, S. 214.
[47] Vgl. *Auer, L. von, Hoffmann, S.*, Ökonometrie, 2017, S. 267.

Quelle: Eigene Darstellung in Anlehnung an R-Studio.

Die Literatur gibt als Grenzwert für die Korrelation größtenteils einen Wert von 0,8 vor.[48] Die am stärksten miteinander korrelierenden Regressoren sind Ether und die Google- Suchanfragen mit einer Korrelation von plus 0,40. Als Grenzwert für die Variance Inflations Factors der Regressoren gibt die Literatur mehrheitlich einen Wert von 5 vor.[49] Die Werte für die Regressoren des untersuchten Modelles liegen alle nahe eins. Eine Multikollinearität liegt im untersuchten Modell somit nicht vor.

3.5.5 Exogenität der erklärenden Variablen

Für die Schätzgenauigkeit des lineares Regressionsmodells ist es wichtig, dass die erklärenden Variablen nicht endogen sind. Eine Endogenität der erklärenden Variablen liegt vor, wenn die erklärenden Variablen mit den Residuen korrelieren. Im Umkehrschluss wird eine Exogenität der erklärenden Variablen angestrebt.

Tabelle 5: Korrelationen der erklärenden Variablen zu den Residuen

	BTC	Google Trends	NASDAQ	Gold
Residuen	$-2{,}37 \cdot 10^{-10}$	$1{,}64 \cdot 10^{-10}$	$4{,}81 \cdot 10^{-11}$	$-9{,}77 \cdot 10^{-11}$

Quelle: Eigene Darstellung in Anlehnung an R-Studio.

Wie in Tabelle 5 zu sehen sind alle Korrelationen der erklärenden Variablen mit den Residuen nahezu null. Daher kann für die weitere Interpretation der Ergebnisse des Modells von exogenen erklärenden Variablen ausgegangen werden.

---

[48] Vgl. *Dreger, C. et al.*, Ökonometrie, 2014, S. 72.
[49] Vgl. *Backhaus, K. et al.*, Multivariate Analysemethoden, 2016, S. 108.

19

3.5.6 Normalverteilung der Residuen

Eine weitere Anwendungsvoraussetzung für lineare Modelle ist die Normalverteilung der Residuen. Zur Überprüfung dieser Prämisse wird zunächst der Shapiro- Wilk- Test auf das untersuchte Modell angewendet.[50] Die Nullhypothese des Shapiro-Wilk-Tests ist, dass die Daten normalverteilt sind. Aufgrund des niedrigen p-Wertes von $8,264\cdot10^{-8}$ wird die Nullhypothese abgelehnt.

Insbesondere bei der Verteilung der Residuen wird empfohlen, dass neben den rein numerischen Tests auch grafische Tests zum Einsatz kommen.

Abbildung 4: Histogramm der Residuen inkl. Normalverteilung und Q-Q-Plot

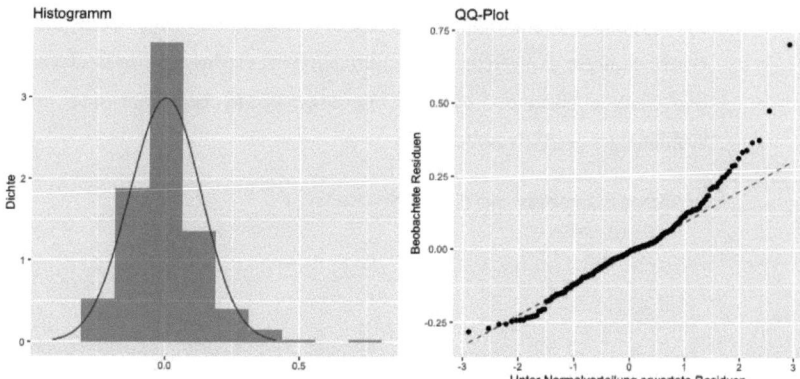

Quelle: Eigene Darstellung aus R-Studio.

Die Abbildung 4 zeigt auf der linken Seite ein Histogramm der Residuen des Modells sowie in blau, die Normalverteilungsdichte. Auf der rechten Seite ist ein Quantil- Quantil- Plot zu sehen. Bei diesem Plot werden die Quantile der beobachteten Residuen auf der Y-Achse abgetragen und den Quantilen einer Normalverteilung mit identischem Erwartungswert und Standardabweichung wie die Residuen des Modells auf der x-Achse gegenübergestellt. Bei einer Normalverteilung der beobachteten Residuen würden diese exakt auf der blauen Gerade liegen.[51] Beide Abbildungen bestätigen die Erkenntnisse des vorangegangenen Tests, dass die Residuen des untersuchten Modells

[50] Vgl. *Holling, H., Gediga, G.*, Statistik, 2016, S. 105.
[51] Vgl. *Gehrke, M.*, Angewandte empirische Methoden in Finance & Accounting, 2019, S. 80f.

nicht normalverteilt sind. Der Mittelwert der Residuen liegt mit $2{,}99 \cdot 10^{-18}$ allerdings nahe null.

Dieses Ergebnis mindert nicht zwangsläufig die Aussagekraft des untersuchten Modells. Mit Ausnahme der Google-Suchanfragen-Daten sind alle restlichen Variablen Finanzmarktdaten. Die Abweichung von der Normalverteilung in Form von extremen Kursentwicklungen und höheren Konzentration um den Mittelwert sind für diese Art von Daten typisch.[52] Darüber hinaus stellt der zentrale Grenzwertsatz sicher, dass bei einem steigendem Stichprobenumfang der Schätzer gegen die Normalverteilung konvergiert.[53]

3.5.7 Einflussreiche Beobachtungen

Im Folgenden werden die Ergebnisse der Prüfung des Datensatzes auf einflussreiche Beobachtungen dargestellt. Zur Identifikation der einflussreichen Beobachtungen wurden die Cook's Distance- und die Leverage-Werte berechnet und entsprechend in Abbildung 5 grafisch aufbereitet.

Abbildung 5: Leverage- und Cook's Distance-Werte

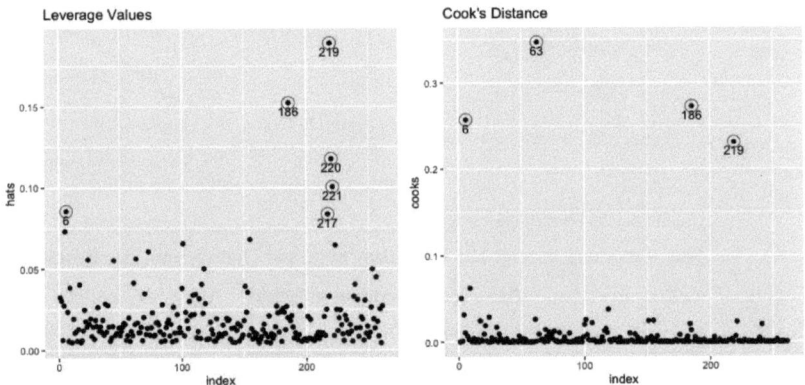

Quelle: Eigene Darstellung aus R-Studio.

Die einflussreichen Beobachtungen werden durch die rot umkreisten Datenpunkte dargestellt, die Werte an diesen Datenpunkten sind die Zeilen, in welchem sich diese im Datensatz befinden. Grundsätzlich deuten auffällige Cook's Distance-Werte auf

---

[52] Vgl. *Specht, K.*, Modelle zur Schätzung der Volatilität, 2000, S. 89f.
[53] Vgl. *Dreger, C. et al.*, Ökonometrie, 2014, S. 17ff.; *Messer, M., Schneider, G.*, Statistik, 2019.

einflussreiche Beobachtungen in der abhängigen Variable hin. Auffällige Werte, die sowohl in den Cook's Distance- als auch in den Leverage-Werten auftauchen, deuten auf einflussreiche Beobachtungen in den unabhängigen Variablen hin.[54]

Die genauere Analyse der einflussreichen Beobachtungen hat ergeben, dass diese zum einen den Extremwert der Variablen (siehe Tabelle 1) abbilden und zum anderen die enormen Kursschwankungen in Folge des Ausbruchs der Corona-Pandemie darstellen. Die Schritte der Regressionsdiagnostik von 3.5.1 bis 3.5.6 wurden ebenfalls für das gleiche lineare Modell auf Basis der Daten exklusive der einflussreichen Beobachtungen durchgeführt. Die Ergebnisse waren in ihren Aussagen gleich. Vor diesem Hintergrund und der Tatsache, dass die Auswirkungen Corona-Pandemie im Datensatz ein realistisches Bild liefern und die Kryptowährungen generell eine sehr volatile Asset-Klasse darstellen, wurden die einflussreichen Beobachtungen im Datensatz belassen.

---

[54] Vgl. *Gehrke, M.*, Angewandte empirische Methoden in Finance & Accounting, 2019, S. 47.

4 Diskussion und kritische Würdigung der Ergebnisse

4.1 Ergebnis der Studie

Die F-Statistik gibt Auskunft über die Inferenz des Modells als Ganzes. Die F-Statistik testet die Nullhypothese H_0 des Modells gegen die Alternativhypothese H_A. Die Nullhypothese unterstellt, dass die unabhängigen Variablen keinen gemeinsamen Effekt auf die abhängige Variable haben.[55]

Der p-Wert der F-Statistik ist mit unter $2,2 \cdot 10^{-16}$ sehr klein (Tabelle 6) und die Nullhypothese kann daher verworfen werden. Somit kann festgehalten werden, dass die unabhängigen Variablen im Modell und innerhalb des Betrachtungszeitraumes gemeinsam im Zusammenhang mit der abhängigen Variablen stehen. Das Vorliegen einer Multikollinearität könnte die Aussagekraft der F-Statistik mindern,[56] dies konnte jedoch in 3.5.4 verworfen werden.

Tabelle 6: Summary des untersuchten Modells lm3

	Estimate	Std.Error	t-value	Pr(>| t |)
Intercept (ETH)	0,010211	0,008519	1,199	0,23179
BTC	0,448389	0,082288	5,449	1,19E-07
Google Trends	0,192040	0,028556	6,725	1,14E-10
Nasdaq	0,568634	0,316519	1,797	0,07359
Gold	1,435715	0,442676	3,243	0,00134
P-Wert F-Statistik	< 2.2e-16		R^2	0,316

Quelle: Eigene Darstellung in Anlehnung an R-Studio.

Der Einfluss der einzelnen Koeffizienten bzw. der Regressoren innerhalb des Modells auf die abhängige Variable wird mit einem zweiseitigem t-Test überprüft. Der t-Wert (t value) ist der Quotient aus dem geschätzten Koeffizienten und dem Standardfehler. Der t-Test hat die Nullhypothese, dass die entsprechenden Koeffizienten in keinem linearen Zusammenhang mit der abhängigen Variablen stehen.[57] Der aus dem t-Test resultierende p-Wert ist in der letzten Spalte der Tabelle 6 abgetragen. Die Regressoren Bitcoin und Google Trends haben einen stark signifikant positiven Einfluss auf die Wertentwicklung des Ethers. Gold hat einen ebenfalls signifikanten Einfluss, jedoch fällt dieser etwas

---

[55] Vgl. ebd., S. 36.
[56] Vgl. *Dreger, C. et al.*, Ökonometrie, 2014, S. 69f.
[57] Vgl. *Backhaus, K. et al.*, Multivariate Analysemethoden, 2016, S. 92.

Geringer aus. Der Nasdaq hat unter dem Signifikanzniveau 10 % den am wenigsten signifikanten Einfluss auf die Wertentwicklung des Ethers. Darüber hinaus ist weiterhin anzumerken, dass die Regressoren bei einem R^2 von 0,316 die abhängige Variable nicht vollständig erklären, sodass eine Aufnahme weiterer noch zu identifizierenden Regressoren sinnvoll sein könnte.[58]

Die Nullhypothesen zu den aufgestellten Forschungshypothesen H_1, H_2 und H_4 können zum festgelegten Signifikanzniveau von 5 % verworfen werden, die Nullhypothese der Forschungshypothese H_3 nicht.

4.2 Diskussion und kritische Würdigung

Von den fünf aus der Literatur abgeleiteten Variablen zur Erklärung der Wertentwicklung des Ethers ist der EUR/USD-Wechselkurs bereits im Rahmen der Modellselektion als Regressor entfernt worden. Somit war das erste Ergebnis der empirischen Untersuchung, dass im Betrachtungszeitraum kein signifikanter Zusammenhang zwischen der Wertentwicklung der FIAT-Währung Euro und der Kryptowährung Ether festgestellt werden konnte. Dyhrberg konnte in einer Untersuchung des Zusammenhangs zwischen dem Bitcoin und dem EUR/Dollar-Wechselkurs feststellen, dass die Renditen des Bitcoins nur schwach mit dem EUR/Dollar-Wechselkurs reagieren, jedoch stark mit denen des GBP/Dollar-Wechselkurses. Dies deutet auf länderspezifische Effekte hin.[59] Vor diesem Hintergrund wäre es interessant, in künftigen Untersuchungen länderspezifische Effekte auf die Wertentwicklung des Ethers zu untersuchen.

Die verbleibenden Regressoren wurden als multiples lineares Modell mit der abhängigen Variable Ether einer Regressionsdiagnostik unterzogen, sodass das untersuchte Modell die BLUE-Kriterien erfüllte. Das Regressionsergebnis zeigte, dass neben dem Bitcoin auch die Google-Suchanfragen im Betrachtungszeitraum einen signifikant positiven Einfluss zum 1 % Niveau auf die Wertentwicklung des Ethers haben. Diese Ergebnisse decken sich mit ähnlichen Studien im Bereich der Kryptowährungen.[60] Als weitere Determinante der Wertentwicklung des Ethers konnte für den untersuchten Datensatz der Goldpreis identifiziert werden, er wies ebenfalls einen signifikant positiven Einfluss auf

[58] Vgl. *Sibbertsen, Philipp, Lehne, H.*, Statistik, 2012, S. 145.
[59] Vgl. *Dyhrberg, A. H.*, Bitcoin, gold and the dollar, 2016, S. 8.
[60] Vgl. *Matta, M. et al.*, 2015, S. 8; Vgl. *Abraham, J. et al.*, 2018, S. 20; Vgl. *Sovbetov, Y.*, 2018, S. 22; Vgl. *Rathan, K. et al.*, 2019, S. 191.

die abhängige Variable auf. Hervorzuheben ist die Sensitivität der Wertentwicklung des Ethers auf Kursveränderungen des Goldes im Betrachtungszeitraum. Demnach schwankt die Wertentwicklung vom Ether am stärksten bei einer Kursveränderung von Gold. Allein dem Nasdaq kann im Betrachtungszeitraum und zu einem Signifikanzniveau von 5 % kein signifikanter Einfluss auf die Wertentwicklung des Ethers attestiert werden. Auch Sobotev konnte einen Einfluss des S&P 500 auf den Ether nur zu einem 10 %-Signifikanzniveau bestätigen. Generell stellte er in seinen Untersuchungen eine eher schwache Importanz von makroökonomischen Variablen fest.[61] Demnach kann die eingangs aufgestellte Vermutung, dass die Wertentwicklung des Ethers eher von einem Tech-Index beeinflusst wird, nicht bestätigt werden.

Allerdings muss mit Blick auf die Ergebnisse und künftige Forschungsfragen selbstkritisch angemerkt werden, dass das Modell um weitere Variablen zur Steigerung des Erklärungsgehalts erweitert werden könnte. Hier bedarf es tiefer gehenden Analysen, jedoch könnten Variablen wie die Marktkapitalisierung, das durchschnittliche Handelsvolumen oder das Total-Value-Locked angedacht werden. Besonders mit dem Hinblick auf den Einfluss der Google-Suchanfragen könnten zusätzliche Variablen zu Tweets oder Reddit-Posts in diesem Zusammenhang einen Erklärungsbeitrag leisten. Darüber hinaus könnten in künftigen Untersuchungen Variablen identifiziert werden, die sich als Hedge gegen Kryptowährungen beziehungsweise gegen den Ether eignen. Von Interesse wären diese Ergebnisse neben dem Portfoliomanagement auch für das Risikomanagement.

---

[61] Vgl. *Sovbetov, Y.*, Factors Influencing Cryptocurrency Prices, 2018, S. 21.

5 Fazit und Ausblick

Die Zielsetzung der vorliegenden Projektarbeit war die Identifikation von signifikanten Determinanten der Wertentwicklung des Ethers. Hierzu konnte ein Erklärungsbeitrag im Rahmen der vorliegenden empirischen Untersuchung geleistet werden. Als zentrale Ergebnisse der Studie kann festgehalten werden, dass neben dem Bitcoin auch die Google-Suchanfragen und der Goldpreis einen signifikant positiven Einfluss auf die Wertentwicklung des Ethers haben. Besonders interessant hierbei ist, dass die Wertentwicklung des Ethers die höchste Sensitivität auf den Goldpreis vorweist. Dies könnte unter Umständen bedeuten, dass Investoren im Betrachtungszeitraum Ether als „Krisenwährung" verstanden haben.

Dennoch ist kritisch anzumerken, dass die vorliegende Arbeit neben ihrem Erklärungsgehalt einige weitere Fragestellungen im Rahmen der Erforschung der Determinanten der Wertentwicklung von Kryptowährungen beziehungsweise dem Ether, aufwirft. Das im Rahmen dieser Projektarbeit aufgestellte Modell kann die Zielsetzung der Arbeit nicht gänzlich erfüllen. Um diesem Anspruch zukünftig gerecht zu werden, bedarf es weiterer Forschungen in diesem Gebiet. Gerade mit Blick auf den anfangs gesetzten theoretischen Rahmen des Themengebietes könnte es Gegenstand künftiger Forschungen sein, Betafaktoren für einzelne Kryptowährungen zu ermitteln. Auch die Identifikation, andere Faktoren zur Vorhersage der Wertentwicklungen von Kryptowährungen könnten Gegenstand zukünftiger Arbeiten sein.

Abschließend sei angemerkt, dass die Ergebnisse entsprechend vorsichtig angewendet werden sollten. Das junge Alter und die kurze Datenhistorie dieser Assetklasse sollte bedacht werden. Empirische Forschungen zu Kryptowährungen haben demnach aufgrund der geringen Datenverfügbarkeit/ -historie, nicht den gleichen Aussagegehalt wie beispielsweise empirische Untersuchungen im Bereich der Aktienmärkte.

Literaturverzeichnis

Abraham, Jethin, Higdon, Daniel, Nelson, John, Ibarra, Juan (2018): Cryptocurrency Price Prediction Using Tweet Volumes and Sentiment Analysis, in: SMU Data Sciene Rev., 1 (2018), Nr. 3, S. 1–22

Auer, Ludwig von, Hoffmann, Sönke (2017): Ökonometrie, Berlin, Heidelberg: Springer Berlin Heidelberg, 2017

Auguie, Baptiste, Antonov, Anton (gridExtra, 2017): gridExtra: Miscellaneous Functions for „Grid" Graphics (Version 2.3), o. O.: o. V., 2017

Backhaus, Klaus, Erichson, Bernd, Plinke, Wulff, Weiber, Rolf (2016): Multivariate Analysemethoden, 14. Auflage., Berlin, Heidelberg: Springer Berlin Heidelberg, 2016

Brooks, Chris (2003): Introductory Econometrics for Finance: SECOND EDITION, Cambridge: Cambridge University Press, 2003

Dreger, Christian, Kosfeld, Reinhold, Eckey, Hans-Friedrich (2014): Ökonometrie, Wiesbaden: Springer Fachmedien Wiesbaden, 2014

Dyhrberg, Anne Haubo (2016): Bitcoin, Gold and the Dollar – A GARCH Volatility Analysis, in: Finance Res. Lett., 16 (2016), S. 85–92

Ernst, Dietmar, Schurer, Marc (Portfoliomanagement, 2014): Portfolio Management: Theorie und Praxis mit Excel und Matlab, Konstanz: UVK Verlagsgesellschaft, 2014

Fahrmeir, Ludwig, Kneib, Thomas, Lang, Stefan (Regression, 2009): Regression: Modelle, Methoden und Anwendungen, 2. Auflage., Berlin: Springer Verlag, 2009

Fahrmeir, Ludwig, Künstler, Rita, Pigeot, Iris, Tutz, Gerhard (2007): Statistik, 6. Auflage., Berlin: Springer Berlin Heidelberg, 2007

Fama, Eugene F. (1965): Random Walks in Stock Market Prices, in: Financial Analyst Journal, 21 (1965), Nr. 5, S. 55–59

Fama, Eugene F., French, Kenneth R. (1993): Common Risk Factors in the Returns on Stocks and Bonds, in: Journal of Financial Economics, 33 (1993), Nr. 1, S. 3–56

Fill, Hans-Georg, Meier, Andreas (Blockchain kompakt, 2020): Blockchain kompakt: Grundlagen, Anwendungsoptionen und kritische Bewertung, Wiesbaden: Springer Fachmedien Wiesbaden, 2020

Folkinshteyn, Daniel, Lennon, Mark (Braving Bitcoin, 2016): Braving Bitcoin: A Technology Acceptance Model (TAM) Analysis, in Journal of Information Technology Case and Application Research, 18 (2016), Nr. 4, S. 220–249

Fox, John, Weisberg, Sanford, Price, Brad, Adler, Daniel, Bates, Douglas, Baud-Bovy, Gabriel, Bolker, Ben, Ellison, Steve, Firth, David, Friendly, Michael, Gorjanc, Gregor,

Graves, Spencer, Heiberger, Richard, Krivitsky, Pavel, Laboissiere, Rafael, Maechler, Martin, Monette, Georges, Murdoch, Duncan, Nilsson, Henric, Ogle, Derek, Ripley, Brian, Venables, William, Walker, Steve, Winsemius, David, Zeileis, Achim, R-Core (car, 2021): car: Companion to Applied Regression (Version 3.0-12), o. O.: o. V., 2021

Fry, John, Cheah, Eng-Tuck (2016): Negative Bubbles and Shocks in Cryptocurrency Markets, in: International Review of Financial Analysis, 47 (2016), S. 343–352

Gandal, Neil (2014): Competition in the Cryptocurrency Market, in: Working Paper Bank of Canada, 2014

Gehrke, Matthias (Angewandte empirische Methoden in Finance & Accounting, 2019): Angewandte empirische Methoden in Finance & Accounting: Umsetzung mit R, Berlin: De Gruyter, 2019

Greene, William H. (2012): Econometric Analysis, 7th ed., Boston: Prentice Hall, 2012

Hackl, Peter (2013): Einführung in die Ökonometrie, 2. Auflage., München: Pearson Studium, 2013

Holling, Heinz, Gediga, Günther (2016): Statistik - Testverfahren, 1. Auflage., Göttingen: Hogrefe, 2016

Horikoshi, Masaaki, Tang [aut, Yuan, cre, Dickey, Austin, Grenié, Matthias, Thompson, Ryan, Selzer, Luciano, Strbenac, Dario, Voronin, Kirill, Pulatov, Damir (ggfortify, 2022): ggfortify: Data Visualization Tools for Statistical Analysis Results (Version 0.4.14), o. O.: o. V., 2022

Hothorn, Torsten, Zeileis, Achim, Farebrother (pan.f), Richard W., Cummins (pan.f), Clint, Millo, Giovanni, Mitchell, David (lmtest, 2021): lmtest: Testing Linear Regression Models (Version 0.9-39), o. O.: o. V., 2021

Jelito, Damian, Pitera, Marcin (2021): New Fat-Tail Normality Test Based on Conditional Second Moments with Applications to Finance, in: Statistical Paper, 62 (2021), Nr. 5, S. 2083–2108

Kaplan, Daniel, Pruim, Randall (ggformula, 2021): ggformula: Formula Interface to the Grammar of Graphics (Version 0.10.1), o. O.: o. V., 2021

Komsta, Lukasz, Novomestky, Frederick (moments, 2015): moments: Moments, cumulants, skewness, kurtosis and related tests (Version 0.14), o. O.: o. V., 2015

Kursa, Miron Bartosz, Rudnicki, Witold Remigiusz (Boruta, 2020): Boruta: Wrapper Algorithm for All Relevant Feature Selection (Version 7.0.0), o. O.: o. V., 2020

Lintner, John (1965): The Valuation of Risk Assets and the Selection of Risky Investments in Stock Portfolios and Capital Budgets, in: Review Economics Statistics, 47 (1965), Nr. 1, S. 13

Matta, Martina, Lunesu, Ilaria, Marchesi, Michele (2015): Bitcoin Spread Prediction Using Social And Web Search Media, Conference Paper (2015)

Meinel, Christoph, Gayvoronskaya, Tatiana (Blockchain, 2020): Blockchain: Hype oder Innovation, Berlin, Heidelberg: Springer Berlin Heidelberg, 2020

Messer, Michael, Schneider, Gaby (Statistik, 2019): Statistik: Theorie und Praxis im Dialog, Berlin, Heidelberg: Springer Berlin Heidelberg, 2019

Mossin, Jan (1966): Equilibrium in a Capital Asset Market, in: Econometrica, 34 (1966), Nr. 4, S. 768

Perridon, Luis, Rathgeber, Andreas, Steiner, Manfred (2016): Finanzwirtschaft der Unternehmung, 17. Auflage., München: Vahlen, 2016

Pruim, Randall, Kaplan, Daniel T., Horton, Nicholas J. (mosaic, 2021): mosaic: Project MOSAIC Statistics and Mathematics Teaching Utilities (Version 1.8.3), o. O.: o. V., 2021

Rathan, Karunya, Sai, Somarouthu Venkat, Manikanta, Tubati Sai (2019): Crypto-Currency price prediction using Decision Tree and Regression techniques, in, 2019 3rd International Conference on Trends in Electronics and Informatics (ICOEI), Tirunelveli, India: IEEE, 2019, S. 190–194

Richter, Robert, Rosenbach, Phillip (2021): Analyzing the Primary Value Drivers of Leading Cryptocurrencies, 2021

Ryan, Jeffrey A., Ulrich, Joshua M., Thielen, Wouter, Teetor, Paul, Bronder, Steve (quantmod, 2020): quantmod: Quantitative Financial Modelling Framework (Version 0.4.18), o. O.: o. V., 2020

Sapra, Sunil (2018): A Regression Error Specification Test (RESET) for the Truncated Regression Model, in: International Journal of Accounting and Economics Studies, 6 (2018), Nr. 2, S. 53–55

Sauer, Sebastian (Moderne Datenanalyse mit R, 2019): Moderne Datenanalyse mit R: Daten einlesen, aufbereiten, visualisieren, modellieren und kommunizieren, Wiesbaden: Springer Fachmedien Wiesbaden, 2019

Schuster, Thomas, Liesen, Arndt (2017): Statistik für Wirtschaftswissenschaftler, Berlin, Heidelberg: Springer Berlin Heidelberg, 2017

Schwenkert, Rainer, Stry, Yvonne (2016): Finanzmathematik kompakt, Berlin, Heidelberg: Springer Berlin Heidelberg, 2016

Sharpe, William F. (Capital Asset Prices): Capital Asset Prices: A theory of market equilibrium under conditions of risk, in: Journal of Finance, 19 (1964), Nr. 3, S. 425–442

Sibbertsen, Philipp, Lehne, Hartmut (Statistik, 2012): Statistik - Einführung für Wirtschafts- und Sozialwissenschaftler, Berlin: Springer-Verlag, 2012

Sovbetov, Yhlas (2018): Factors Influencing Cryptocurrency Prices: Evidence from Bitcoin, Ethereum, Dash, Litcoin, and Monero, in: J. Econ. Financ. Anal., 2 (2018), Nr. 2, S. 1–27

Specht, Katja (2000): Modelle zur Schätzung der Volatilität: Eine theoretische und empirische Analyse am Beispiel von Finanzmarktdaten, Wiesbaden: Gabler, 2000

Sun, Wei, Dedahanov, Alisher Tohirovich, Shin, Ho Young, Li, Wei Ping (2021): Factors Affecting Institutional Investors to Add Crypto-Currency to Asset Portfolios, in: The North American Journal of Economics and Finance, 58 (2021), S. 101499

Swanson, Tim (Great Chain of Numbers, 2014): Great Chain of Numbers: A Guide to Smart Contracts, Smart Property and Trustless Asset Management, in: (2014)

Templ, Matthias, Kowarik, Alexander, Alfons, Andreas, Cillia, Gregor de, Prantner, Bernd, Rannetbauer, Wolfgang (VIM, 2021): VIM: Visualization and Imputation of Missing Values (Version 6.1.1), o. O.: o. V., 2021

Urban, Dieter, Mayerl, Jochen (Regression, 2018): Angewandte Regressionsanalyse: Theorie, Technik und Praxis, 5. Aufl., Wiesbaden: Springer Fachmedien, 2018

Urquhart, Andrew (2016): The Inefficiency of Bitcoin, in: Economic Letter, 148 (2016), S. 80–82

Vorfeld, Michael (2009): Asset Pricing, Wiesbaden: Gabler, 2009

White, Halbert (1980): A Heteroskedasticity-Consistent Covariance Matrix Estimator and a Direct Test for Heteroskedasticity, in: Econometrica, 48 (1980), Nr. 4, S. 817–838

White, Lawrence H. (2014): The Market for Cryptocurrencies, in: SSRN Electron. J., (2014)

Wickham, Hadley, François, Romain, Henry, Lionel, Müller, Kirill, RStudio (dplyr, 2022): dplyr: A Grammar of Data Manipulation (Version 1.0.8), o. O.: o. V., 2022

Zeileis, Achim, Lumley, Thomas, Graham, Nathaniel, Koell, Susanne (sandwich, 2021): sandwich: Robust Covariance Matrix Estimators (Version 3.0-1), o. O.: o. V., 2021

Ziemer, Franziska (2018): Der Betafaktor, Wiesbaden: Springer Fachmedien Wiesbaden, 2018

Internetquellen:

Coinmarketcap (2022): Cryptocurrency Prices, Charts And Market Capitalizations, CoinMarketCap (2022), <https://coinmarketcap.com/> (2022) [Zugriff am 2022-02-20]

Hüttig, Oliver (Wer jetzt nicht umdenkt, verpasst den Wandel, 2018): Wer jetzt nicht umdenkt, verpasst den Wandel: Blockchain ist das neue Internet, <https://www.computerwoche.de/a/blockchain-ist-das-neue-internet,3545367> (2018) [Zugriff am 2022-01-30]

Issing, Otmar, Masuch, Klaus (Standpunkt, 2021): Standpunkt: Vorsicht vor dem Bitcoin, in: <https://www.faz.net/aktuell/finanzen/bitcoin-und-investmentfonds-privatanleger-vorsichtig-sein-sollten-17574439.html>FAZNET, (2021) [Zugriff am 2022-02-18]

Sparkasse (2022): Bitcoin – Investieren oder nicht?, Sparkasse_de (2022), <https://www.sparkasse.de/themen/geldanlage/bitcoin.html> (2022) [Zugriff am 2022-02-20]